Dinosaurier

Text: Janine Amos
Layout: Claire Brisley und Cath Adsett
Fachberatung: Christopher Collier und Alan Howe, Bath Spa University, UK

Realisation der deutschen Ausgabe: trans texas publishing, Köln
Übersetzung: Susanne Schmidt-Wussow, Berlin
Lektorat: Ulrike Reinen, Köln

ISBN 978-1-4454-5450-4
Printed in China

Dinosaurier

Parragon

Bath • New York • Singapore • Hong Kong • Cologne • Delhi
Melbourne • Amsterdam • Johannesburg • Auckland • Shenzhen

Setz die 3D-Brille auf und unternimm eine Reise in die Vergangenheit. Die Dinos sehen so echt aus, dass man sie berühren möchte!

Hinweis für Eltern

Dieses Buch gehört zu einer Sachbuchreihe für Leseanfänger.

Jedes Buch wurde in Zusammenarbeit mit Pädagogen entwickelt.

Mit dem Quiz am Ende des Buches kann sich Ihr Kind die gelernten Informationen und die Bedeutung bestimmter Wörter und Sätze noch einmal einprägen. Wörter, die im Text fett gedruckt erscheinen, werden hinten im Glossar erklärt. Die einzelnen Begriffe können auch im Register nachgeschlagen werden.

Inhalt

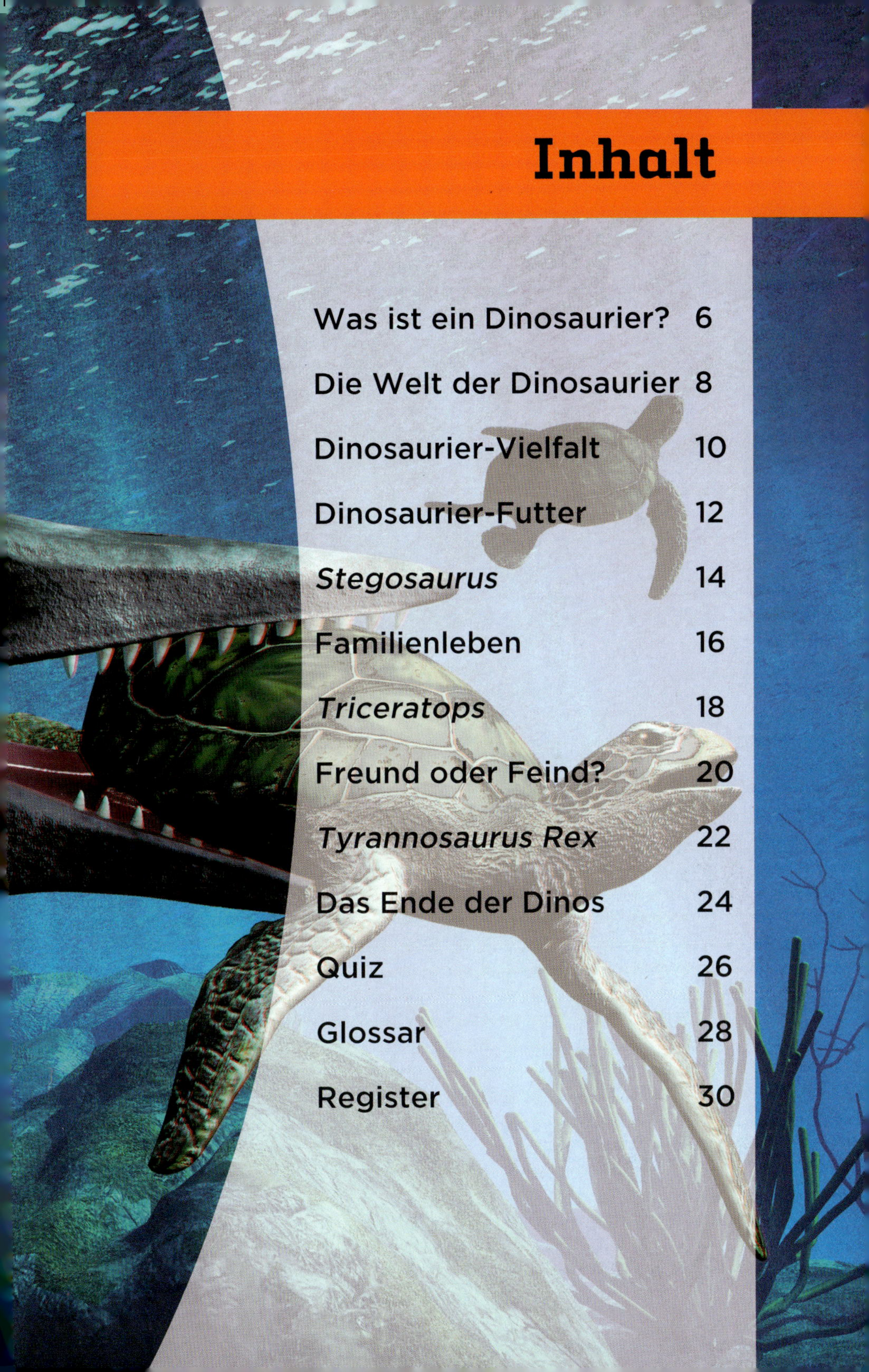

Was ist ein Dinosaurier?

Dinosaurier waren **Reptilien**, die vor Millionen von Jahren auf der Erde lebten. Manche Dinosaurier waren riesig – die größten Landtiere, die es jemals gab. Andere waren so klein wie Vögel.

Eudimorphodon war kein Dinosaurier, sondern ein fliegendes Reptil, doch er lebte zur selben Zeit. Mit seinen scharfen Zähnen konnte er gut glitschige Fische packen.

Im Laufe der Jahrtausende wurden Knochen, Zähne und Fußspuren toter Dinosaurier zu Stein. Diese Steine nennt man **Fossilien**.

Dinosaurier-Fossil

ERSTAUNLICH

Das erste **Fossil** eines Dinosaurierzahns, das je entdeckt wurde, gehörte dem Fleischfresser *Megalosaurus*.

ERSTAUNLICH

Bisher wurden mindestens 1000 verschiedene Dinosaurierarten entdeckt, und es gibt vielleicht noch viel mehr.

Die Welt der Dinosaurier

Die Geschichte der Erde wird in Zeiträume unterteilt, die Perioden genannt werden. In jeder Periode herrschte ein anderes Klima, und es gab andere Pflanzen und Tiere.

In der **Triaszeit** war es heiß. Auf der Erde wuchsen Palmen, Nadelbäume und Moose.

In der feuchten **Jurazeit** entstanden Wälder. *Diplodocus* und andere große Pflanzenfresser fanden dort reichlich Nahrung.

Die **Kreidezeit** war kühler. Blütenpflanzen und viele Dinosaurierarten entwickelten sich.

Dinosaurier-Vielfalt

Es gab große und kleine, schwere und leichte Dinosaurier. Manche waren ganz glatt, andere hatten Stacheln und Hörner. Niemand weiß genau, wie viele Arten es gab.

Velociraptor war ein Fleischfresser. Er konnte schnell rennen. Mit seinen kurzen Vorderbeinen packte er seine **Beute**.

Euoplocephalus trug auf seinem Körper knöcherne **Platten** und Höcker, die ihn schützten.

Der Pflanzenfresser *Euoplocephalus* wehrte sich mit der Knochenkeule an seinem Schwanz gegen Fleischfresser.

Euoplocephalus

ERSTAUNLICH

Parasaurolophus hatte einen hohlen Knochenkamm auf dem Kopf, mit dem er möglicherweise Geräusche machen konnte.

Brachiosaurus

Dinosaurier-Futter

Manche Dinosaurier fraßen die Blätter von Pflanzen und Bäumen. Andere verspeisten alle Tiere, die sie fangen konnten.

Allosaurus

Allosaurus war ein großer Fleischfresser. Er hatte kräftige Kiefer.

Brachiosaurus war ein Pflanzenfresser. Dieser Dinosaurier hatte einen langen Hals wie eine Giraffe.

ERSTAUNLICH

Vogelfußdinosaurier hatten Schnäbel wie Enten. Sie eigneten sich ideal zum Abknipsen von Pflanzen und Blättern.

Stegosaurus

Stegosaurus war ein friedlicher Dinosaurier – mit einem gefährlichen Schwanz. Lange Stacheln an der Spitze schützten ihn vor Angreifern.

Stegosaurus wurde von Fleischfressern gejagt. Wenn er angegriffen wurde, schlug er mit seinem langen, stacheligen Schwanz aus.

Stegosaurus bewegte sich langsam und war ein Pflanzenfresser. Er fraß Blätter und Farne wie auf dem Bild.

Farn

Die knöchernen **Platten** auf seinem Rücken könnten zur Kühlung gedient haben oder um andere *Stegosaurier* anzulocken.

ERSTAUNLICH

Die Haut über den Rückenplatten von *Stegosaurus* könnte sich rot gefärbt haben, wenn er aufgeregt war.

Familienleben

Dinosaurierbabys schlüpften aus Eiern. Manche Mütter kümmerten sich um ihre Jungen. Andere Babys mussten schnell allein zurechtkommen.

Maiasaura baute ein Nest, indem er ein Loch in den Boden kratzte.

Maiasaura-Mütter legten etwa 25 Eier. Sie blieben immer in ihrer Nähe.

Wenn die Jungen schlüpften, brachten ihre Mütter Nahrung heran.

ERSTAUNLICH

Die größten Dinosauriereier legte *Hypselosaurus*. Sie waren so groß wie ein Basketball.

Maiasaura

Triceratops

Triceratops hatte Hörner und einen Nackenschild. Er war ein Pflanzenfresser. Der Nackenschild sollte andere Dinosaurier beeindrucken.

Der Name *Triceratops* bedeutet „dreigehörntes Gesicht“. *Triceratops* sah sehr gefährlich aus, aber er fraß nur Pflanzen.

Triceratops beschützte seine Jungen. Mit seinen langen, scharfen Hörnern konnte er einen Angreifer aufspießen.

Triceratops wurde von *Tyrannosaurus Rex* gejagt. An *Triceratops*-Knochen fand man Bissspuren von *Tyrannosaurus*-Zähnen.

Tyrannosaurus Rex

ERSTAUNLICH

Triceratops hatte einen großen **Schädel**. Sein Nackenschild bestand aus Knochen.

Iguanodon

Freund oder Feind

Manche Dinosaurier waren friedliche Pflanzenfresser, andere gefährliche Jäger.

Wie die heutigen Rehe ernährte sich *Iguanodon* von Pflanzen und Blättern. Dieser Dinosaurier hatte große Daumen mit einem Stachel, um Zweige herunterzuziehen. *Iguanodon* lebte in Familiengruppen.

Deinonychus

Der kleine, gefährliche *Deinonychus* jagte möglicherweise im **Rudel**, um große Tiere zu erlegen.

ERSTAUNLICH

Iguanodon konnte die kleinste Zehe über den Vorderfuß biegen, um seine Nahrung besser festzuhalten.

Tyrannosaurus Rex

Tyrannosaurus Rex war der König der fleischfressenden Dinosaurier. Er hatte einen riesigen Kopf mit einem kräftigen Kiefer.

Tyrannosaurus versteckte sich im Wald und überraschte seine **Beute**.

In seinem Maul hatte er 50 bis 60 spitze Zähne. Manche waren so lang wie Bananen.

Versteinerte Zähne

ERSTAUNLICH

Die Vorderbeine dieses Dinosauriers waren so winzig, dass sie nicht bis zum Maul reichten. Er konnte damit jedoch seine Beute packen.

Als die Dinos ausstarben

Vor etwa 65 Millionen Jahren starben alle Dinosaurier aus. Keiner weiß genau, warum.

ERSTAUNLICH

Vor 65 Millionen Jahren brachen viele Vulkane aus. Möglicherweise hat auch der giftige Rauch die Dinosaurier getötet.

Vielleicht fiel ein großer Gesteinsbrocken vom Himmel, und die Sonne kam nicht mehr durch die Staubwolken.

Möglicherweise explodierte auch ein riesiger Stern im All, und die tödlichen Strahlen führten zum Tod der die Dinosaurier.

Explodierender Stern

Diabloceratops

Quiz

Kannst Du dieses Quiz lösen? Alle Antworten findest Du in diesem Buch.

1. Woraus bestand der Nackenschild von *Triceratops*?

a) Knochen
b) Muskeln
c) Haut

2. Was fraß *Allosaurus*?

a) Fleisch
b) Pflanzen
c) Chips

3. Wie viele Zähne hatte *Tyrannosaurus Rex*?

a) 10 bis 20
b) 50 bis 60
c) 150 bis 160

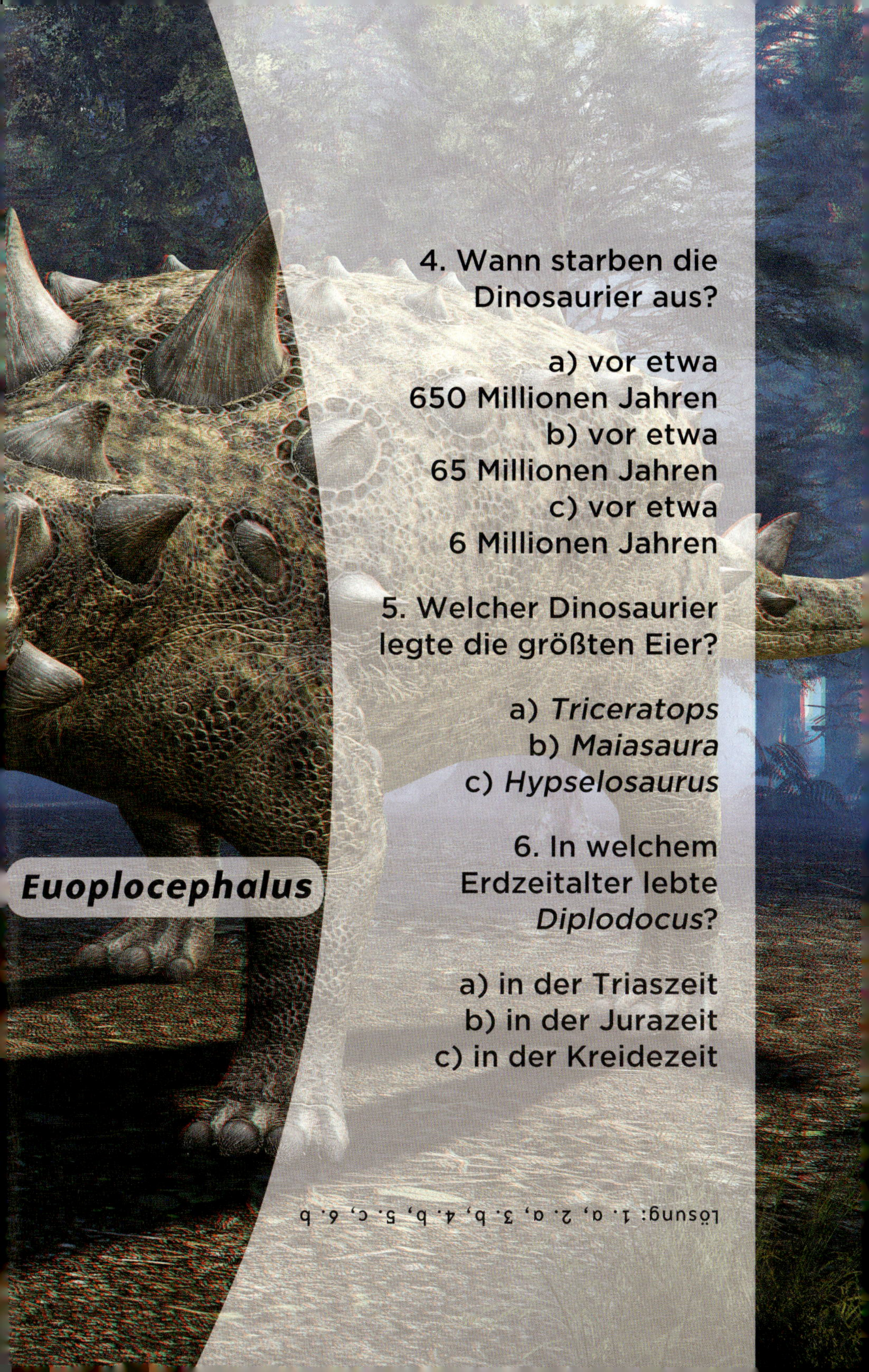

4. Wann starben die Dinosaurier aus?

a) vor etwa 650 Millionen Jahren
b) vor etwa 65 Millionen Jahren
c) vor etwa 6 Millionen Jahren

5. Welcher Dinosaurier legte die größten Eier?

a) *Triceratops*
b) *Maiasaura*
c) *Hypselosaurus*

6. In welchem Erdzeitalter lebte *Diplodocus*?

a) in der Triaszeit
b) in der Jurazeit
c) in der Kreidezeit

Lösung: 1. a, 2. a, 3. b, 4. b, 5. c, 6. b

Glossar

Beute
Die Tiere, die der Dinosaurier fraß.

Fossil
Versteinerter Teil oder Abdruck eines Tieres oder einer Pflanze. Fossilien können Millionen von Jahren alt sein.

Jurazeit
Erdzeitalter vor 206 bis 144 Millionen Jahren.

Kreidezeit
Erdzeitalter vor 144 bis 65 Millionen Jahren.

Platte
Flaches Knochenstück auf dem Körper eines Dinosauriers.

Reptilien
Tiere mit trockener, geschuppter Haut. Die meisten Reptilien legen Eier mit harten Schalen.

Rudel — Gruppe von Dinosauriern, die gemeinsam jagte.

Schädel — Der Knochen im Kopf des Dinosauriers, der das Gehirn schützt.

Triaszeit — Erdperiode vor 250 bis 206 Millionen Jahren.

Register

Bildnachweise

Illustrationen von Big Al Gruswitz

Bildnachweise:
o = oben, m = Mitte, u = unten, r = rechts, l = links

S. 6 ur Garry Gay/Getty Images, S. 14 m Acerable/ iStockphoto, S. 16 ul samkee iStockphoto, S. 19 or Colin Keates/Getty, S. 22 m Kim Steele/Getty Images